AF145303

Aljoscha Utermark
Ningboer Anthologie

Der Autor

Abbildung 1: Der Autor. © 2014 by Birgit-Cathrin Duval.

Aljoscha Utermark, geb. 1974, ist ein ehemaliger Zeitsoldat (SaZ 12 mit Studium). Nach einem MBA in Internationalem Management an der ESB Reutlingen verbrachte der Staatswissenschaftler seit 2005 mehr als drei Jahre in Asien, hauptsächlich in der *Zhōnghuá Rénmín Gònghéguó* (中华人民共和国) [VR China]: zuerst als Sprachschüler, dann als Existenzgründer und zuletzt als Angestellter.

Von 2011 bis 2014 lehrte er als Universitätslehrer in *Níngbō shì* (宁波市), *Zhèjiāng* (浙江), Deutsch als Fremdsprache; zusätzlich unterrichtete er Englisch an einer Grundschule und als Hauslehrer. Derzeit lebt und arbeitet er im Rhein-Main-Gebiet und ist per E-Mail erreichbar an:

anthologie@chingchang-chinese.eu .

Das Buch

Sachbücher zu China und zur chinesischen Kultur gibt es genügend, aber es gibt zu wenig Lyrik! Aus diesem Grund sind in der *Ningboer Anthologie* des Autors einige Gedichte gesammelt, die sich mit dem Leben und mit dem Arbeiten in einer distanten Kultur beschäftigen.

Das Buch beschäftigt sich mit lyrischen Annäherungen an das Leben in China und an die Menschen dieses Landes, dessen Kultur Europäern oft nicht nur fremd erscheint, sondern es auch oft nach Jahren in der chinesischen Fremde bleibt, weil ihre Andersartigkeit und ihre Vielschichtigkeit eine „Verstehen" mit dem eigenen Werte- und Erfahrungshorizont nahezu unmöglich macht.

Das Fremde zu erkennen und es verstehen zu lernen, bedeutet vor allem, auch sich selbst im Fremden zu erkennen. Fremdheit ist und bleibt meist nur eine Spielart des Möglichen, die jedoch durch Anschauung und durch Reflexion abgeschwächt werden kann.

Somit soll diese Anthologie als ein kleiner Beitrag zum Verstehen eines Landes gesehen werden, das sich selbst noch am Suchen ist; dessen Identität manchmal zum Greifen nahe ist, aber dann gleich wieder verschwindet. Man kann aber in ihm, so wie es ist, sich selbst besser erkennen. Teilweise schmerzhaft, teilweise erheiternd, aber immer aufregend!

Aljoscha Utermark

Ningboer Anthologie

– Gedichte aus und über China –

mit 14 Abbildungen

2., erweiterte Auflage

Texte zur Entschleunigung, Bd. 1

Bibliographische Information der Deutschen Nationalbibliothek:
Die Deutsche Nationalbibliothek verzeichnet diese Publikation in der Deutschen Nationalbibliographie; detaillierte Daten sind im Internet über http://dnb.d-nb.de abrufbar.

© Copyright 2014, 2015 Aljoscha Utermark
2., erw. Aufl. 2015

Herstellung und Verlag: BoD – Books on Demand,
                            Norderstedt

ISBN-13: 978-3-7386-2833-3 (gb.)
ISBN-13: 978-3-7322-4479-9 (TB)
Auch als E-Book erhältlich. Zum Zeitpunkt der Drucklegung lag die ISBN für das E-Book noch nicht vor.

Ihre Widmung

Inhaltsverzeichnis

Vorwort

Im Vorwort zur ersten Auflage betonte ich die Wichtigkeit, sich Zeit für sich selbst zu nehmen. In den letzten achtzehn Monaten habe ich mich wieder in ein deutsches Hamsterrad begeben und habe leider weniger Zeit für das schriftstellerische Arbeiten gehabt.

Zwar wird von mancher Seite schriftstellerisches Arbeiten im globalisierten Turbokapitalismus belächelt, jedoch bleibt es notwendig, um die Welt zu beschreiben. Kultur an sich entsteht durch Kulturschaffende und sie ist Selbstzweck. Sie ist in ihren unzähligen Ausprägungen, das was uns Menschen von der Tierwelt unterscheidet. Was jedoch noch viel wichtiger ist, dass sie nicht zu sehr dem kapitalistischen Gewinnstreben unterworfen sein sollte. Was spricht dagegen, für sich selbst oder auch für Andere zu dichten?

Wenn geistige Größen wie Goethe, Schiller oder Luther zuallererst an den monetären Gewinn ihrer schriftstellerischen Tätigkeit gedacht hätten, dann wäre die geistige Welt heute eine andere. Sie hätten vermutlich gar keinen Erfolg gehabt, weil sie an den Markteintrittsbarrieren gescheitert wären. Was ist denn bitte schön ein „marktgängiges Buch"?

Sie halten nun die zweite um einige Gedichte und Abbildungen erweiterte Auflage in den Händen. Einige Änderungen waren der etwas übereilten Veröffentlichung in 2014 (Mea culpa.) geschuldet. Diese Mängel sind jetzt abgestellt.

Ich hoffe, dass Sie Gefallen an dem einen oder anderen Gedicht finden werden. Mich würde das sehr freuen.

Ihr

Aljoscha Utermark
马国伟

Limburg an der Lahn, im August 2015

Vorwort zur ersten Auflage

Die folgenden Gedichte entstanden im Zeitraum 2012 bis 2014. Nur wer sich Zeit zu nehmen vermag, kann über Erlebtes und über Erfahrenes reflektieren. Wer immerzu dem kapitalistischen Dogma des „Immer mehr!" freiwillig oder erzwungenermaßen folgt, wird es schwer haben, zur Ruhe zu kommen.

Selbstverständlich gelten jedoch auch immer die deutschen Redensarten „Wer rastet, der rostet." und „Von nichts kommt nichts.", trotzdem erscheint es gelegentlich angebracht, sich darauf zu besinnen, was das *Wichtige* im eigenen Leben ist.

Ich hatte während meiner Lehrtätigkeit in Ningbo das Glück, über die zweitwichtigste Ressource, die Zeit, relativ frei verfügen zu können. Aus diesem Grund möchte ich Sie ermuntern, sich ein wenig Ruhe zu gönnen und über meine ersten Schritte in der Lyrik nachzudenken.

Treten Sie in eine Kommunikation mit mir ein. Ich habe den Versuch unternommen, Eindrücke, Erfahrenes und Gefühltes in Gedichtform Ihnen mitzuteilen.

Mögen die Form oder der kritische Unterton des einen oder des anderen Gedichtes zum Anstoß werden, darüber zu sprechen und um mehr über das Beschriebene erfahren zu wollen. Nicht mehr und nicht weniger möchte ich mit diesen Texten erreichen.

Noch ein Hinweis zum Gebrauch dieses Buches: Die Gedichte sind in drei thematischen Gruppen geordnet, die jeweils durch einen kurzen Text eingeleitet werden. Bis zu Ihrer Rückmeldung verbleibe ich mit freundlichen Grüßen

Ihr

Aljoscha Utermark
马国伟

Limburg an der Lahn, im Mai 2014

Abbildung 2: Propaganda-Spruchband in Ningbo. Der Text lautet: *Chāichú wéifǎ jiànzhú. Yíngzào yōuměi hái jìng.* (拆除违法建筑。营造优美还境。) [Abriss der illegalen Bauwerke, Schaffen einer schönen Umgebung.]. © 2013 by Aljoscha Utermark.

China, kritisch

Auf den folgenden Seiten sind einige Gedichte zur erlebten (!) chinesischen Kultur versammelt. Sie sind das Resultat einer Auseinandersetzung mit der gesellschaftlichen Realität, aber auch mit einigen *Denkmustern*, die der Verfasser seit 2006 in der VR China kennenlernen durfte.

Der Erkenntnisgegenstand „chinesische Kultur" fordert viel von einem Besucher, der *bereit* ist, sich auf ihn einzulassen. Wie weit das gehen mag, muss ein jeder für sich selbst entscheiden, denn jedes Erleben ist zutiefst individuell und es bleibt auch immer nur *ein* Ausschnitt aus der unendlichen Vielfalt der Welt.

Der Verfasser hat den Versuch unternommen, Fremdes durch Geschriebenes klarer zu sehen, da viele Fragen durch chinesische Gesprächspartner leider unbeantwortet geblieben sind.

Er hat jedoch die Hoffnung, dass sich das im Laufe der Jahre ändern wird, sofern der „revolutionäre Autoritarismus" (Elizabeth Perry) über das Denken, Handeln und Fühlen vieler Bewohner dieses Landes durch den wieder aufgenommenen Austausch zwischen den Kulturen abgeschwächt wird oder sich irgendwann innenpolitisch erübrigt.

Ob der in der chinesischen Kultur beschriebene „Totalitarismus der Gesellschaft über das Individuum" (*Sūn Lóngjī* 孫隆基) sich aber irgendwann als nicht mehr praktikabel erweist, bleibt eine derzeit nicht zu beantwortende Frage unserer Zeit.

Somit kann der Verfasser nur festhalten, dass China „ein dickes Buch" (*Chén Wěi* 陈巍) ist, das sich nur schwer lesen lässt. Trotzdem bedarf China nach Ansicht des Verfassers der Kritik von außen in Form von Lob und Tadel, um durch die Kombination von chinesischem Selbstbild und von ausländischen Fremdbildern eine ausreichende, evtl. hinreichende Beschreibung für *die Chinas* und die dort anzutreffenden Phänomene zu erreichen.

Abbildung 3: Eine Englisch-Gruppe des Autors. © 2013 by Aljoscha Utermark.

Das chinesische Kind

Lernen, lernen, nochmals lernen
Und nicht um des Lebens willen.
Noten, Noten haben Gewicht
Geben sie doch Allem Gesicht.

Einfach Kind und frei sein,
Das soll und darf nicht sein!
Spiele es, spiele es nicht,
Denn Andere warten nicht.

Sei es frei und unbeschwert! –
Doch nein, das wär' verkehrt.
So sitzt es über der Schrift
Und schreibt, und schreibt und schreibt.

Es liest, es liest, es liest laut vor.
Was ist es für ein kleiner Thor?
Lernen tut es dabei nicht,
Nur Memorieren hat Gewicht.

Verstehen? – Nein, das kann es nicht.
22 Es fehlen die Muße und die Pflicht.
Für Noten braucht es das auch nicht,
24 Denn nur Rot und Namen haben Gewicht.

26 Wirkliche Freunde hat es nicht,
Gleiche Geschwister kennt es nicht.
28 Dem Lehrer folgen bleibt Genuss,
Denn Gehorsam ist Aller Muss.
30
Tag ein, Tag aus hält es Wort,
32 Denn nur China ist sein Hort.
So gibt es kein Entkommen.
34 Es fehlt ihm auch das Wollen.

36 Einfach nur Kind zu sein, ist ein Graus.
Der Familie Diener sein, bleibt ein Schmaus!

Utermark, Mai 2013

Abbildung 4: Propaganda am Flughafen in Peking. Die Aussage lautet: *Àiguó, chuàngxīn, Běijīng jīngshén, bāoróng, hòudé* (爱国，创新，北京精神，包容，厚德) [Patriotismus, Neuerung, Pekinger Geist, Großzügigkeit/Aufgeschlossenheit, Tugend]. © 2012 by Aljoscha Utermark.

Der Nationalist

Er sitzt allein in kalter Stube,
2 Sieht empor aus dunkler Grube,
Träumt von fremder, alter Größe,
4 Doch bleibt sie nur seine Blöße.

6 Wertet Andere blind herab,
Denn urteilt er oft gern' vorab.
8 Ein Leichtes ist zu verkennen,
Wofür Fremde gar entbrennen.
10
Altes Wissen ihn beschränkt,
12 Dass es seine Lehrer kränkt.
Doch ändern mag er es nicht,
14 Denn das brächte neue Sicht.

16 So sitzt er immerzu verzagt,
Kein Gewissen ihn zernagt,
18 Schlösser baut er in die Luft,
Und verbreitert so die Kluft.
20
Sein Ich ihm im Wege steht,
22 Egal wie er sich auch dreht.
Sein blinder Herrenwahn
24 Greift sich so weite Bahn.

26 Trunken durch viele Biere,
    Verhält er sich wie das Tiere.
28 Streunert durch die dunkle Nacht
    Und vergibt so seine Wacht.

30

    Statt der guten, weisen Tat
32 Folgt er doch nur dunklem Rat.
    In Verdammnis er reitet,
34 Denn nur allein er schreitet.

36 So prägt er nicht die Gestalt,
    Und träumt nur von Gewalt.
38 Nichts, rein gar nichts erreicht er
    Durch dieses ärmliche Wehr'.

40

    Eitler Traum ihn voll erfüllt,
42 Den kleinen Geist ganz umhüllt
    Und öffnet ihm eine Bahn,
44 Die führt ihn nur zu dunklem Wahn.

46 Gibt ihm im Leben den Halt,
    Doch lässt es ihn werden kalt.
48 Die Welten er nicht versteht,
    Egal wie er sich auch dreht.

Utermark, September 2013

Die Kette

Es sind doch nur die Seinen,
2 Die haben so große Macht.
Werden wegen ihm weinen,
4 Deshalb geben sie auch Acht.

6 Bauen ihm ein teures Nest,
Das Halt und Schutze bietet.
8 Binden ihn so an den Rest,
Der gerne streng gebietet.
10
Auf Sippen baut er es auf,
12 Denn Freiheit ihn verrücke.
Heimkehren ist Türe Knauf,
14 Zum alten Lebensglücke.

16 Er wird zum Teil der Gruppe,
Findet dort auch einen Platz,
18 Wird aber nur zur Puppe,
Die teilnimmt an langer Hatz.
20
Als kleiner Teil des Ganzen,
22 Steht er treu zur alten Pflicht.
Sie bleibt ein schwerer Ranzen,
24 Denn der Tod erlöst ihn nicht.

Utermark, März 2013

Die Kader

Kader sind nur ein Geschlecht,
2 Weder nur schlecht, noch nur recht.
Sehen können sie das schlecht,
4 Denn es ist doch nicht gerecht.

6 Dürfen denken das auch nicht.
Strafe folgt auf freies Handeln.
8 Es droht das hohe Gericht,
Denn vier Lehrmeister wandeln.
10

Glänzend Wandel blendet Allerlei
12 Und Geld und Familie liefern Halt,
Jedoch Freiheit gibt es keinerlei,
14 Denn die Welten sind so kalt.

16 Viel Gefahr angeblich droht
Durch fremder Münder Rat.
18 Doch ihr Denken sie bedroht,
Drum wählen sie dunkle Tat.
20

Gerne heimlich sie rüsten,
22 Tarnen ihr Denken und Tun,
Gegen Fremdes an Küsten,
24 Denn warten müssen sie nun.

26   Die Welt fällt vollends entzwei,
      Wenn kämpfen müssen wir Zwei.
28   Kämpfen wir friedlich jetzt nicht,
      So bleibt Weltenfrieden nicht.

Utermark, Mai 2013

Abbildung 5: Sportfest an einer chinesischen Universität.
© 2013 by Aljoscha Utermark.

Dabei sein

Junge Menschen ziehen sie an
In des Ordens mächtige Strukturen
Dort gibt es so manche Blessuren,
Und so bleiben sie alle im Bann.

Dienen eifrig ihrem Herrn,
Um Teil zu werden der Klasse,
Um zu tragen die Lorbeer gern,
Die sie trennt von schlechter Masse.

Junger Wille muss gehorchen,
Um zu erreichen so viel.
Er wird auf immer gebrochen
Für jenes alte, hehre Ziel.

So schwören Sie den heiligen Eid,
Lebenslang dem Orden zu dienen.
Jener bewahrt sie deshalb vor Leid,
Als Dank für ihr treues Dienen.

Dann bekommen sie ihr Gewand
Und sprechen Allerlei und viel,
Doch bleiben sie hinter der Wand,
Denn sie verraten nicht das Spiel.

Utermark, Mai 2014

Der Kollektivist

Seine Sehnsucht nach Fremden
2 Ist Antrieb und Fluch zugleich,
Treibt ihn in fremde Welten
4 Und doch bleibt sie hoher Deich.

6 Seine Liebe verzehrt sich
Für ein unbekanntes Wir,
8 Denn er verweigert sich,
Zu lieben die eigene Gier.
10
Seine Seele leidet sehr
12 Unter diesem tiefen Schmerz,
Doch zu machen eine Kehr
14 Vermag er selten im Scherz.

16 Die Seinen geben ihm Gesicht,
Bauen für ihn ein warmes Nest,
18 So bleibt Kultur das Gewicht,
Das ihn beschwert wie die Pest.

Utermark, März 2013

Abbildung 6: Schlafende Oma mit Enkelsohn. © 2013 by Aljoscha Utermark.

Familie 1

Mama schlägt,
2   Papa schweigt,
Oma schlägt,
4   Opa schweigt.

Utermark, März 2012

Familie 2

Mama erzieht,
2 Papa liebt,
Oma erzieht,
4 Opa liebt.

Utermark März 2013

Familie 3

Mama fehlt,
2   Oma erzieht.
Papa fehlt,
4   Opa erzieht.

Utermark, Mai 2014

Abbildung 7: Gefahr in 15 cm Höhe? © 2013 by Aljoscha Utermark.

Die Mutter

Es zieht die Mutter ihr Kinde,
Als sei es ein totes Gebinde.

Mit dem Manne sie sich verband,
Damit er zeuge für Sie das Band.

Am Finger deswegen schön glänzt,
Was ihre Freiheit arg begrenzt.

Wahre Liebe musste weichen
Für ewigen Bundes Zeichen.

Ihr Kind blieb nur 'ne lästige Pflicht
Und hat als Mensch wenig Gewicht.

Drum muss es Oma erziehen,
Denn beide Eltern entfliehen.

So lebt sie mit seiner Gruppe
Und bleibt doch nur eine Puppe.

Ihr Sohn als das alte Mittel,
Hängt immer an fremden Kittel.

Es hub sie einst vor ihm empor
26 Und bringt sichere Macht hervor.

28 Drum warten muss sie mit Bedacht,
Zu erlangen ewige Macht.

Utermark, März 2014

Der Stammhalter

Es ist ein alter Schwur,
2   Der verlangt einen Bur.
Kommt dieser aber nicht,
4   Dann spricht fremdes Gericht.

6   Das Urteil mag erschüttern,
Was es verlangt von Müttern.
8   Die Tochter es erleidet,
Was andere entweidet.
10

Die Mutter sich leise fügt,
12   Die neue Familie sie rügt.
Der schwache Sohn sieht es gar,
14   Doch lässt er es werden wahr.

Utermark, März 2013

Abbildung 8: Neue Architektur in China. © 2013 by Aljoscha Utermark.

Modern China?

Utermark, Oktober 2013

Abbildung 9: Propaganda-Poster. Der Spruch lautet: *Shàonián Zhōngguó qiáng.* (少年中国强。) [junges, starkes China.] Das rechte Schriftzeichen kann mit einer anderen Aussprache auch „hartnäckig, unnachgiebig, eigensinnig " bedeuten. © 2013 by Aljoscha Utermark.

Denkanstoß

Noch vor wenigen Jahren galt neoliberales Denken als das Dogma, das den Markt in einem globalen Dorf bestimme könne und deswegen wurde es von Vielen unreflektiert als das *non plus ultra* angesehen.

Dieses Denken der fetten Jahre der Nachkriegszeit scheint überall eingesickert zu sein: in Unternehmen, in staatliche Verwaltungen auf allen Ebenen und auch in die Gesellschaft selbst, die sogar anfing, ihre Universitäten betriebswirtschaftlich zu führen.

Es schien für den Laien als ob die Wirtschaft nicht mehr der Gesellschaft, aus deren Mitte sie kommt, dienen sollte, sondern diese Gesellschaft sollte der Wirtschaft selber dienen. Die „Masse" sollte einer Wirtschaft dienen, die sich in starkem Maße von ihren nationalen Fesseln und von ihrer eigenen Verantwortung befreit hatte und zum selbstständigen, zum schwer steuerbaren Gestalter geworden war. Sie nahm jedoch ihrerseits maßgeblich über Lobbyarbeit Einfluss auf die politischen Gestaltungsprozesse.

Besonders deutlich wurden einige Auswirkungen dieses Gebarens für einen Kapitalismus zum Wohle einiger Weniger im Verlauf der Finanzkrise, die noch nicht überwunden scheint. Dies Alles hat den Verfasser sehr nachdenklich gemacht.

Als freier Bürger eines Staates sollte man sich fragen, warum es so weit kommen konnte und wer dafür die Verantwortung trägt. Es waren sicherlich nicht Maschinen oder Maschinenprogramme alleine, die Währungskurse zum Einsturz brachten oder ganze Staaten an den Rand des Ruins trieben. Waren es nicht viel mehr *wir* Menschen selbst, die ihren Teil dazu beitrugen, dass die Lage so wurde, wie sie derzeit ist?

Aller Wandel, wie im Guten als auch im Schlechten, beginnt in den Köpfen von Menschen. So möchte der Verfasser das Folgende betonen: Wer es unterlässt, über seinen *eigenen* Beitrag zu einem Geschehen oder über seine eigene Verantwortung für das große Ganze zu reflektieren, wendet sich egoistisch ab und wandelt auf einem Pfad, der auch zu persönlicher *Schuld* führen kann.

Um dieser kritischen Sicht Nachdruck zu verleihen sind *last but not least* einige kritische Gedichte aufgeführt, die diese Kapitalismus-Form beleuchten sollen. Sie beziehen sich ausdrücklich *nicht nur* auf die vielen Chinas in China.

Abbildung 10: Schein und Sein der Moderne. (Felsen aus Beton) © 2013 by Aljoscha Utermark.

Der Zahlenwirt

Mehr Gewinn mit endlichen Mitteln,
2 Daran lässt er wahrlich nicht rütteln.
Bleibt des Zahlenwirts einziges Ziel,
4 Denn zu verlieren hat er doch viel.

6 Es sind gar keine alten Pflichten,
Die ihn auf neuen Pfaden leiten,
8 Sondern Kennzahlen aus einem Bericht,
Den ihm die Mitarbeiterin gebricht.
10
Keine alte Ethik, die ihn lenkt,
12 Denn vieles Totes schnell für ihn denkt.
Mitarbeiter stöhnen unter Last,
14 Zu ihrem Lohn gibt es noch mehr Hast.

16 Sein Denken kreiset im leeren Raum,
Denn verstehen kann er die Welt kaum.
18 Viel Erfahrung fehlt ihm leider auch,
Denn Praxis ist nur gefährlich' Rauch.
20
Viele Grade nennt er sein eigen,
22 Gesprächsrunden sind langer Reigen,
Hat er doch so viel investiert,
24 Denn nur dieses ihm Ideen gebiert.

26 Oft will er gar nicht führen,
   Will sich auch nicht rühren,
28 Deshalb teilt er seine Macht.
   Im Ruhen liegt wahre Macht.
30

   Mitarbeiter müssen sich fügen,
32 Seinem Wollen immer genügen.
   Beugen sie sich ihm nicht,
34 Stehen sie schnell vor Gericht.

36 Ein Inhalt gäbe ihm manchen Halt,
   Doch steht er allein im kalten Wald.
38 Die Strukturen wollen es auch kaum,
   Zu geben dem Neuen etwas Raum.
40

   Inhalte nennt er nicht sein Eigen,
42 Denn Flexibilität ist sein Reigen.
   Hohe Ziele setzt er immer fort,
44 Doch will er nur an anderen Ort.

46 Mehr verdienen an neuer Stelle
   Ist das wichtigste seiner Ziele,
48 Denn fremder Wille ihn einst zwang
   In des Systems gestaltenden Rang.

Utermark, Februar 2013

Neudeutsch

Die Sprache ist Englisch
2   Oder ein eitles Gemisch.
Modern soll es so sein,
4   Doch bleibt es nur Schein.

Utermark, Mai 2013

Abbildung 11: Unterrichtsraum an einer chinesischer Universität. © 2013 by Aljoscha Utermark.

Das Lehren

Es bleibt eine Kunst zu zerstreuen den
2 Dunst;
Ist des Geistes Nebel und des Wortes Knebel.
4

Damit die vielen Narren sehen ihr langes
6 Irren
Geht der alte Gelehrte wie der junge Versehr-
8 te.

10 Er müht sich so sehr, zu schwächen das Heer.
Doch bleibt es nur ein Fangen, im Hoffen wie
12 im Bangen.

14 Des Verstandes eifrige Müh' trifft auf warme,
wohlige Ruh',
16 Drum versagt der Lehrer oft und doch er
beharrlich hofft.
18

Er sieht oft nur ein Wehren und kein tiefes
20 Begehren.
Im Dunkeln die Schüler sind und ihnen die
22 Zeit entrinnt.

24 Er warnt vor schnellem Schluss, der bringt
leichten Genuss.

26 So weist er zur Wahrheit hin und reckt her-
vor sein Kinn.
28

Doch lassen sie ihn nicht. Ihr Herrscher zu
30 ihnen spricht:
And'rer Worte höret lieber nicht! Meine
32 Wahrheit bleibt Eure Pflicht!

Utermark, Oktober 2013

Der Junior

Haare im Gesicht
2   Darf und will er nicht.
Drum zupft er Brauen
4   Wie schon die Frauen.

6   Das Alter ehrt er nicht,
Denn er ist ein Wicht.
8   Er holt auch nicht Rat,
Denn er ist Technokrat.
10

Sicherheit, das alte Gut
12   Macht ihm keinen Mut.
Wäre böse Pflicht für ihn,
14   Führe nur zu fremdem Ruin.

16   Vertrauen fehlt so sehr,
Denn Geld will er noch mehr.
18   Sicherheit bleibt eine Mär.
Nur mit Mehr ist er Wer!

Utermark, März 2014

Der Senior

Mitarbeiter begrüßt er nicht,
2   Kennt sie auch wahrlich nicht.
Dies wär' nur lästige Pflicht
4   Und kein Lob wert vor Gericht.

6   Nur die Zahlen ihm gebieten,
Und nicht angestellte Nieten,
8   Was er zu managen müsse
Und nicht was er zu führen habe.
10

Menschen sind ihm lästige Pflicht,
12   Die es zu schwächen gilt,
Damit sie nur funktionieren
14   Und nicht sein Spiel negieren.

16   Macht sich vor Mächten klein
Und bleibt doch gar nicht rein.
18   Versteckt sich hinter dem System,
Das ihn einst machte zu Lehm.

Utermark, März 2014

Sprache

Ist unsere Sprache bunt,
2   So gibt sie das Wahre kund.
Ist sie jedoch verlogen,
4   Werden Welten verbogen.

Utermark, März 2013

Erkenntnis

Oft es nicht erkennt,
2   Was es schnell verbrennt;
Doch es immer nennt,
4   Was Fremdes schnell trennt;
So es nicht erkennt,
6   Was in ihm schnell entbrennt.

Utermark, Juli 2013

Abbildung 12: Ein Gefährte für Gefährtinnen in der Fremde. © 2012 by Aljoscha Utermark.

China, privat

Die Fremde hat auch manchmal etwas Gutes, denn der Besucher, *der Gast aus fernen Ländern*, kann sich auf Neues einlassen, diesem widerstehen oder sich doch einfach im fremden Meere umher treiben lassen. Nach einer langen Zeit im Ausland hat der Verfasser Eines erleben dürfen: Die Vielfalt der Menschheit und ihrer Lebenswelten sind eine Bereicherung, die es zu erkennen und zu bewahren gilt.

Jedoch wird ein jeder beim Leben und Arbeiten im Ausland früher oder später an die Grenzen seiner durch Enkulturation erworbenen Denk-, Handlungs- und Verhaltensmuster kommen. Er muss sich dann auf den Weg machen, das transkulturelle Universale zu finden, wenn er nicht den Weg des Vergessens oder der Ignoranz gehen will.

Dieses Streben wird jedoch immer wieder durch den Alltag eingeholt werden und verbleibt vielleicht mehr ein Wunsch, ein *Traum* nach einer besseren Welt, in der sich vermutlich keiner mehr zurechtfinden würde.

Es bleibt auch festzuhalten, dass zwei distante Kulturen auf einem Kontinent (Eurasien) mit einem Land zu vergleichen sind, das durch einen großen und breiten Fluss geteilt ist. Es kann nicht um die Betonung des Trennenden, also der Breite des Flusses, gehen, sondern es kann nur um die Betonung des einander Verbindenden gehen.

Ein Brückenbau zwischen Kulturen war, ist und wird immer schwierig sein, aber er lohnt sich sine conditione. Diese *Brücke der Verständigung* wird auf den Pfeilern der Neugierde, der Wünsche, der Toleranz und des Respektes ruhen müssen.

Und aus diesem Grund habe ich mich entschlossen, einige private Gedichte hier an dieser Stelle aufzunehmen.

Abbildung 13: Der Zahn der Zeit nagt. © 2013 by Aljoscha Utermark.

Geschichte

Was war
2   Wird sein.
Was ist
4   War schon.

Utermark, 2013

Die Zahl

So manch Einen
2 Mag diese Zahl
Bringen zum Weinen,
4 Doch fehlt die Wahl.

6 Mit ihr wächst beständig
Des einen Lebens Schatz.
8 Bleibt man gar wendig
So bietet sie Platz.
10
Und spürt man gar ein Weh,
12 So ist dies kein Ballast.
Man hat heraus den Dreh,
14 Der schützt vor junger Hast.

Utermark, Januar 2015

Vom Fernbleiben

So wünsche ich mir von Dir zu wissen,
2   Damit ich mich noch eifrig widmen kann,
Was uns der Zwerg mittags aufgetragen.
4   Dinge, die ich bestimmt schon etwas kann.

6   Den langen Zwerg wird es wohl erfreuen,
Mein Herz und mein Verstand sind schon
8   entzückt,
Dass ich erneut den Willen nicht gefunden
10 Und es mich heute hat so weit entrückt.

12 Des Zwergen Worte höre ich wohl nicht,
So bleibt mir etwas Zeit für ein Buch,
14 Das bewahrt den Student vor Geistesgicht,
Denn die Präsenzpflicht gleicht einem Lei-
16 nentuch.

18 So verbleibe ich mit dem kleinen Wunsch
Für die kurze Haft im Turm der Zwergen:
20 Mögen die Zeiger schreiten wie im Rausch
Und Dich mit stummen Schlage erlösen.

Utermark, Juni 2015

Liebe Lulu

Du machst mich gern verrückt,
2   Bin von Dir stets entzückt.
Sind die Welten schon entrück',
4   So leider auch kleines Glück.

6   Ich bin Deiner Welt entrückt,
Aber nicht wahrlich verrückt.
8   Du schweigst dazu immer fort,
Findest wohl kein klares Wort.
10
So bin ich verloren am Ort
12   Und kann nur noch fort.
Die Liebe lass' ich zurück,
14   Sonst werde ich noch verrückt.

16   Namen sprachst Du mit Gefühl,
Leise im lauten Gewühl.
18   Mein Herz vernahm sie sehr wohl,
Doch muss ich sagen: Lebe wohl!

20 Kommst Du bald in meine Welt,
Geht es wahrlich nicht um's Geld.
22 Unser starkes, junges Band
Kann durchbrechen jede Wand.
24
Drum höre auf dieses Wort
26 Und gehe bald mit mir fort.
Fehlt Dir das Gehör dazu,
28 So mache Dein Herz schnell zu.

30 Bleibe dann in Deiner Welt,
Wo nur zählt das große Geld.
32 Unser Glück ist nicht zu finden
In unsrer Ländern Gebinden.
34
Drum muss ich vielleicht mit Dir
36 Entsagen der großen Gier.
Fliehen in die ferne Welt,
38 Die nicht ist von dieser Welt.

Utermark, 28.09.2013

Lulu konkret

LULU
2   ULUL
LUUL
4   ULLU
LLUU
6   UULL

Utermark, November 2013

Lulu 8

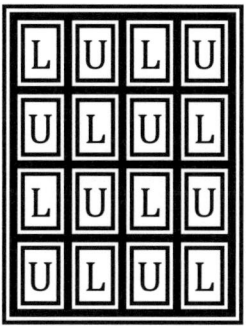

Utermark, März 2014

Panda? Panda!

Miaomiao?
Yaoyao.

Mingming?
Dingding.

Feifei?
Peipei.

Mangmang?
Pengpeng.

Xiaoxiao?
Miaomiao!

Wangwang?
Bu, Dangdang!

Utermark, Dezember 2013

Große Verwirrung

Lärm, Müll, Hast und Essen
2 Täuschten lange seine Sinne.
Es gab so kein Entkommen
4 Aus tiefen, fremden Brunnen.

6 Ihr Essen und gar ihr Trinken
Mochte er lange sehr wohl.
8 Ihr Denken und ihr Reden
Machten ihn jedoch bald hohl.
10

Fremde Mühen waren grenzenlos.
12 Geister wollten Willen brechen,
Doch war dies dort nicht sein Los,
14 Und er überwand sein Gebrechen.

16 Jahr ein, Jahr aus, er nicht verstand,
Was so mit ihm geschehen.
18 Doch dann fand er das Band
Und lernte wieder zu verstehen.
20

Tief in seinem Herzen es lag,
22 Was er lange eifrig suchte.
Die fremde Freude es verbarg
24 Bis er es wieder versuchte.

26 Eigener Worte klarer Sinn
    War seines Glückes Unterpfand.
28 Half ihm aus eitlem Brunnen
    Und seine Ehre reichte ihm die Hand.
30

    So war der Fremde wieder zurück
32 Und er war nicht mehr in die Fremde ver-
    rückt.

Utermark, November 2013

Entrückt?

B
2   BA
    BAR
4   BARB
    BARBA
6   BARBAR
    BARBARA

Utermark, März 2013

Ein armer Poet

Reich im Geiste.
2   Arm am Gelde,
Ist Poeten Bann.
4   Wenig er kann.

Utermark, Februar 2014

Anhang

Abbildungsverzeichnis

Titelbild: Tür. © 2013 by Aljoscha Utermark.

Autorenbild: Privat. © 2011 by Aljoscha Utermark.

Klappentextbild: Propagandaposter. © 2013 by Aljoscha Utermark.

Abkürzungsverzeichnis

amerikan.	amerikanisch
Aufl.	Auflage
Bd.	Band
BoD™	Books on Demand™
chin.	chinesische (-r,-s)
E-Book	Electronic Book
E-Mail	Electronic Mail
ESB	European School of Business
evtl.	eventuell
gb.	gebunden
geb.	geboren
Jhdt.	Jahrhundert
MBA	Master of Business Administration
SaZ	Soldat auf Zeit
TB	Taschenbuch
VR	Volksrepublik

Glossar chinesischer Begriffe

Chén Wěi	陈伟	chin. Professor
Níngbō shì	宁波市	Stadt in Ost-China
Mǎguó Wěi	马国伟	chin. Name des Autors
Sūn Lóngjī	孙隆基	amerikan. Wissenschaftler
Zhèjiāng	浙江	ostchin. Provinz
Zhōnghuá	中华	VR China
Rénmín	人民	
Gònghéguó	共和国	

Vernetzung

Abbildung 14: Logo von Chingchang-Chinese. © 2008 - by Aljoscha Utermark. Alle Rechte vorbehalten. Das Logo ist ein eingetragenes Markenzeichen.

Gerne stehe ich Ihnen, Ihrem Unternehmen, Ihrer Institution oder Ihrer Bildungseinrichtung für Lesungen zur Verfügung. Meine sozialen Profile im Netz finden Sie auf https://plus.google.com/u/0/103919731625 947120019/ .

Nochmals vielen Dank für Ihr Interesse an der Arbeit des Autors.

Danksagung

An dieser Stelle möchte ich mich bei denjenigen Menschen bedanken, die mich während der Arbeit an diesem Gedichtbändchen unterstützt und begleitet haben.

Ein ganz herzlicher Dank geht an meine chinesischen Studentinnen, die mir nicht nur als fleißige Zuhörer zur Verfügung standen, sondern die mich auch zu der einen oder zu der anderen Aussage inspiriert haben. Sprachkompetenz zeigt sich auch darin, wenn man Gedichte in einer Fremdsprache versteht. Weiter so!

Weiterhin möchte ich Herrn Mircea Grigorian danken, der freundlicherweise das Manuskript durchgesehen und mich auf einige stilistische Feinheiten aufmerksam gemacht hat.

Für alle stehengebliebenen Fehler liegt die Verantwortung allein beim Verfasser.

Ihre Gedanken